Aprende a Programar Swift

Programación iOS

3ª Edición

Enrique Flores Gonzalo

IT Campus Academy

ISBN: 978-1727363944

TABLA DE CONTENIDO

INTRODUCCIÓN A SWIFT

Este surgió por la necesidad de Apple en traer al mercado un lenguaje fácil de aprender y de utilizar. Desde su lanzamiento en el año 2014 ha ido revisándose y actualizándose. En el año 2015 pasó a ser de código abierto.

Esta iniciativa se une al movimiento mundial para hacer la programación un lenguaje más que pueda ser aprendido por la humanidad. La idea es que Swift impulse a más personas a intentar formar parte de ese mundo y así contribuir a expandir y solidificar el ecosistema de aplicaciones de Apple, que a día de hoy ya son de las más rentables del mercado.

Hasta su lanzamiento, el lenguaje más utilizado en el desarrollo de aplicaciones para los entornos iOS e iOS X era el Objetive-C, creado al inicio de los años 80. Apple se preocupó en disminuir la resistencia a la adopción de Swift por los programadores expertos. Para eso, permitió que el nuevo lenguaje utilizara el mismo compilador y pudiera convivir con Objetive-C en la misma aplicación. De esa forma, nadie fue forzado a aprenderlo inmediatamente, ya que era posible continuar programando de la manera tradicional y adoptar la nueva tecnología poco a poco.

Pero seguro que ahora nos preguntamos, ¿No era el Objetive-C suficientemente bueno? No hay dudas que ese lenguaje es muy poderoso y sirvió a Apple de forma incuestionable durante todos esos años. Sin embargo, no es fácil de aprender. El hecho de haber sido construido en base a los lenguajes tradicionales como C creó amarres de compatibilidad que dificultan aún más la comprensión del lenguaje, principalmente para los nuevos programadores.

En el ramo de la programación existe una tradición según la cual el primer objetivo de la aplicación desarrollada por un programador novel es mostrar el mensaje "Hello World". Ese es un buen ejemplo para entender hacia dónde quería llegar Apple con el lenguaje Swift. Vea en el cuadro que sigue a continuación el código-fuente necesario para alcanzar el mismo objetivo en los lenguajes Objective-C y Swift:

Hello World em Objective-C	Hello World em Swift

`#include <stdio.h>`
 	
`int main(int argc, const char * argv[])`
`{`
`    // insert code here...`
`    printf("Hello, World!\n");`
`    return 0;`
`}`
	`println("Hello World")`

En realidad, los comandos para mostrar el mensaje son muy semejantes, pero en Objetive-C, debido a cuestiones de retro compatibilidad, son necesarias muchas más líneas de código. En Swift, solo una.

Ahí tenemos la primera gran ventaja del lenguaje Swift: la *simplicidad*. El código fuente es simple y conciso. Además de facilitar la vida a los programadores, que podrán desarrollar aplicaciones con menos líneas de código, Swift también mejorará la vida de los instructores, ya que es posible partir directamente de la enseñanza de los recursos del lenguaje. El aprendizaje de Objective-C, al contrario, exige la explicación de muchas reglas (y sus excepciones) y el abordaje de temas técnicos más profundos, dificultando la comprensión para aquellos que no pertenecen al área de informática.

Sin embargo, la simplicidad no hace al lenguaje menos poderoso. La compatibilidad con el lenguaje Objective-C fue mantenida y el paquete ya existente de funcionalidades (Cocoa, para Mac y Cocoa Touch, para iOS) fue expandido y mejorado.

Otra ventaja importante es que Swift trae recursos inspirados en otros lenguajes, como Ruby y JavaScript. Las Clases, Estructuras y Protocolos se hicieron más flexibles y de uso general, ofreciendo todos los componentes necesarios para la construcción de expresiones de programación Orientada a Objetos. Y los programadores que no migraban hacia el entorno de desarrollo de Apple por la ausencia de Closures (clausuras) y Generics (genéricos) no tienen ya más esa disculpa, pues esos recursos fueron implementados en el lenguaje Swift.

Pero Swift no fue solo inspirado en otros lenguajes. Este trae varias novedades que proporcionan múltiples opciones a los programadores, como los tipos de datos avanzados Tuples y Optionals, la mutabilidad e interpolación de Strings, las propiedades Lazy, las funciones anidadas y con retorno múltiple y hasta la flexibilización de la estructura lógica Switch. Hasta la definición de variables y constantes fue modernizada, trayendo la inferencia de tipos de datos y mayor seguridad sobre los datos que pueden ser trabajados en un aplicación.

La productividad y el placer de programar no fueron dejados de lado. Swift trae conceptos donde la prevención de errores se puede efectuar en tiempo de desarrollo, permitiendo que las aplicaciones lleguen a sus versiones finales más consistentes y bien acabadas. Una de las grandes novedades es el Playground, que es el parque de diversiones no solamente en la traducción literal, sino que consiste en un archivo donde el programador tiene total libertad para practicar y probar algoritmos, pudiendo visualizar los resultados inmediatamente, sin tener que crear un proyecto y cumplir todo el proceso de compilación.

Los aspectos importantes como la performance y la gestión de memoria no fueron dejados de lado. A través del ARC (Automatic Reference Counting), Swift rastrea y gestiona el uso de la memoria por la aplicación haciendo que el programador, por lo menos en la gran mayoría de los casos, no tenga que preocuparse de esta importante cuestión que puede derrumbar la ejecución de una aplicación.

Es de esperar, sin embargo, algunas desventajas en la adopción del nuevo lenguaje, por lo menos durante cierto periodo de tiempo. Los desarrolladores tendrán que recorrer una curva de aprendizaje hasta ser eficientes en Swift. Lleva un tiempo que los nuevos recursos sean entendidos y absorbidos por estos y puedan ser efectivamente implementados en las nuevas aplicaciones. Los desarrolladores también tendrán que acostumbrarse a la propia sintaxis del lenguaje, que es considerablemente diferente a las ya existentes en el mercado.

Para ser utilizado, Swift requiere la nueva versión de la interface de desarrollo de la Apple. Después del lanzamiento oficial, las osapps desarrolladas en Swift podrán ser inmediatamente publicadas en la tienda de aplicaciones App

Store.

Para que todos puedan prepararse debidamente para el lanzamiento oficial, Apple ya publicó dos e-books gratuitos y creó un blog especialmente dedicado al nuevo lenguaje:

El primer e-book "The Swift Programming Language", trae todo el contenido del nuevo lenguaje y se destina a cualquier público, sean desarrolladores expertos o nuevos programadores. Se puede descargar gratuitamente desde la web de Apple.

El segundo e-book "Using Swift with Cocoa and Objetive-C", está destinado a programadores del lenguaje Objective-C, detalla la compatibilidad e interoperabilidad entre los lenguajes.

Ambos e-books están disponibles a través de la aplicación iBooks, tanto para Mac como para los dispositivos con iOS.

Podemos concluir que técnicamente Swift es bienvenido. Como acostumbra hacer también con productos y tecnologías ya existentes, Apple reinventó recursos de programación ya utilizados en otros lenguajes y añadió nuevas características, que proporcionan a los desarrolladores la creación de aplicaciones más robustas, de tamaño más pequeño y con la performance optimizada. Además, pueden ser desarrollados en menos tiempo y por lo tanto con costes más pequeños lo que es una ventaja competitiva en este mercado ya que permite que una buena idea sea rápidamente implementada.

Swift introduce nuevas funcionalidades y unifica las partes de lenguaje procedural y orientado a objetos por lo que hace que sea amigable para los nuevos programadores. Por ejemplo, este soporta PlayGrounds. Esa funcionalidad incorporada a X-CODE permite que mientras usted desarrolla su código pueda ir viendo el resultado inmediatamente.

La primera impresión de Swift es muy buena. Claro que hay que acostumbrarse con algunas cosas como por ejemplo: la ausencia de punto y coma. Veamos un ejemplo del "Hola Mundo":

println("Hola Mundo")

Así de simple. No necesita importar una biblioteca separada para funcionalidades como entrada o salida de string como anteriormente era necesario. No necesita de una función principal (main).

Otra cosa del Swift, que es similar a PHP es la no necesidad de declarar los tipos de variables. Veamos el ejemplo de abajo:

Ejemplo:

var miVariable = 55
miVariable = 24
let miConstante = 55

En la primera línea creamos una variable llamada miVariable con la palabra reservada var. Noten que atribuimos el valor 55 a esta sin necesitar de decir si es entero, string o float. Swift aún reconoce el tipo de esta. Después de eso, para atribuir valores a la variable basta con que coloquemos (línea 2) el nombre de la variable, el signo de atribuición (=) y el valor.

Para definir una constante basta con que coloquemos la palabra reservada let antes del nombre de la constante, el signo de atribución (=) y el valor que deseamos. Fácil. Simple. Práctico.

Observe sin embargo que aunque no haya necesidad de declarar el tipo de variable siempre deberá usar el tipo usado en la instanciación de la variable. En el ejemplo de arriba la variable fue instanciada como un entero. Por eso los próximos valores a ser atribuidos deberán ser enteros.

CLAUSURAS (CLOUSURES)

Una clausura es un trozo de código (como una función) pasado como parámetro de otra función. Si usted desarrolla en otros lenguajes, como C y Objetive-C, debe estar acostumbrado a utilizar bloques que son semejantes a las clausuras.

Una consecuencia de las clausuras es su capacidad de contener las variables y las constantes del contexto a la cual fue enviada. Por ejemplo, una función que inserta un usuario en el sistema: tiene una variable llamada "user" y esta función recibe una rutina de operaciones cualquiera como consecuencia, la clausura también tiene la misma variable "user".

Para demostrar el funcionamiento de una clausura, usaremos la función de ordenamiento de Arrays sort, que recibe un Array (para ser ordenado) y una clausura con dos argumentos (los dos objetos de comparación):

```
let nombres = ["Daniel", "José", "Rubén"]
func invierteAlfabeto(nombre1: String, nombre2: String)
-> Bool {
return nombre1 > nombre2
}
var nombresInvertidos = sort(nombres, invierteAlfabeto)
println(nombresInvertidos)
```

Al ejecutar este código recibimos el siguiente resultado:

1 [Rubén, José, Daniel]

Aún podemos economizar más el código insertando nuestra clausura literalmente como el parámetro de la *función sort:*

```
let nombres = ["Daniel", "José", "Rubén"]
var nombresInvertidos = sort(nombres, {(nombre1:
String, nombre2: String) -> Bool in return nombre1 >
nombre2})
println(nombresInvertidos)
```

Sintaxis general

```
{ (parámetros) -> tipo de retorno in
// su rutina de operaciones
}
```

Usted puede utilizar variables y constantes de la función que recibe la clausura. En este ejemplo hemos utilizado sort, la clausura aprovechó los elementos del Array, que era "nombres".

TIPOS IMPLÍCITOS

En el ejemplo de arriba, hemos declaramos una función del tipo (String, String) → Bool. Sin embargo, no es necesario, ya que Swift es capaz de inferir de forma implícita los tipos de la clausura que la función espera.

Vea cómo utilizar una clausura con los tipos implícitos:

```
let nombres = ["Daniel", "José", "Rubén"]
var nombresInvertidos = sort(nombres, { nombre1,
nombre2 in
```

```
return nombre1 > nombre2 })
println(nombresInvertidos)
```

Podemos omitir la palabra "return" cuando la clausura tenga una única expresión, que es el caso de nuestros ejemplos anteriores. El código queda así:

```
let nombres = ["Daniel", "José", "Rubén"]
var nombresInvertidos = sort(nombres, { nombre1, nombre2 in
nombre1 > nombre2 })
println(nombresInvertidos)
```

El resultado es el mismo del ejemplo anterior. Recuerde que raramente es necesario declarar explícitamente los tipos de una clausura.

Swift ofrece argumentos abreviados para las clausuras simples como esa. Solamente utilizar $0, $1, $2, $2 y por ahí va a referirse a algún elemento, respectivamente.

```
let nombres = ["Daniel", "José", "Rubén"]
var nombresInvertidos = sort(nombres, { $0 > $1 })
println(nombresInvertidos)
```

Además de eso, las clausuras también pueden resumirse en operadores. En nuestro ejemplo, comparábamos si el nombre1 era alfabéticamente mayor de que nombre2. Para eso, podemos resumir las clausuras utilizadas por un operador de "mayor que". Veamos cómo queda:

```
let nombres = ["Daniel", "José", "Rubén"]
var nombresInvertidos = sort(nombres, >)
println(nombresInvertidos)
```

CLAUSURAS GRANDES

Cuando esté trabajando con clausuras que exigen más de una simple línea, será mejor describirlas después y fuera de los paréntesis de su función. Por ejemplo:

```
func funcionQueRecibeLaClausura(clausura: () -> ()) {
println("Ahora, he llamado a mi función.")
}
funcionQueRecibeLaClausura() {
// su clausura
}
```

Vamos a aplicar este concepto al ejemplo del ordenamiento inverso de los nombres de un Array:

```
let nombres = ["Daniel", "José", "Rubén"]
var nombresInvertidos = sort(nombres) { $0 > $1 }
println(nombresInvertidos)
```

CAPTURANDO EN EL CONTEXTO (VAR Y LET)

Las clausuras consiguen acceder y modificar los valores de las constantes y variables de su alcance. La manera más simple para hacer eso en Swift es utilizando una función anidada escrita dentro de otra función. Veamos un ejemplo a continuación.

```
func realizarSuma(conEntero numero: Int) ->() -> Int {
var resultado = 0
func suma() -> Int {
resultado = numero
return resultado
```

```
}
return sumar
}
let sumarCinco = realizarSuma(conEntero: 5)
let sumarDiez = realizarSuma(conEntero: 10)
println(sumarDiez()) // Imprime 10
println(sumarCinco()) // Imprime 5
```

Tipos de Referencia

Las clausuras y las funciones se pueden utilizar como tipos de referencia, es decir, estas mantienen la capacidad de acceder/modificar las variables o constantes de su contexto.

Veamos cómo aplicar el concepto.

```
func realizarSuma(conEntero numero: Int) ->() -> Int {
var resultado = 0
func suma() -> Int {
resultado = numero
return resultado
}
return sumar
}
let sumarDiez = realizarSuma(conEntero: 10)
let sumarMasDiez = sumarDiez
sumarMasDiez()
println(sumarDiez()) // Imprime 20
```

ESTRUCTURAS DE REPETICIÓN

Las estructuras de repetición permiten ejecutar más de una tarea un mismo tramo de código. Se trata de ejecutar bloques solamente bajo determinadas condiciones, pero con la opción de repetir el mismo bloque cuantas veces sea necesario.

Son útiles, por ejemplo, para repetir una serie de operaciones semejantes que son ejecutadas para todos los elementos de una lista o de una tabla de datos o simplemente para repetir un mismo procesamiento hasta que una condición se satisfaga correctamente. En Swift, tenemos for, for-in, while y do-while.

WHILE

Nuestro bucle while funciona de la siguiente forma: básicamente, este verifica una condición y si es verdadera ejecutará lo que esté dentro de las llaves "{ /* código */ }" repitiéndose incontables veces mientras sea verdadera. Por lo tanto, cuando la condición devuelve un valor false, la repetición se interrumpe y la aplicación continúa hacia la próxima instrucción de la aplicación.

Estructura general de un While:

while condición {
instrucciones

}

Vamos a ver como modificamos el código para realizar una condición que ejecuta while mientras la variable de repeticiones sea más pequeña que 3:

```
var repeticiones: Int = 0;
while repeticiones < 3 {
println("\(repeticiones 1)la repetición");
repeticiones ;
}
```

Una vez ejecutamos este código, veremos el siguiente resultado en la consola:

1la repetición

2la repetición

3la repetición

DO-WHILE

También tenemos el Do-while que es una variante del While que acabamos de ver. En este caso, la primera ejecución no depende del resultado de la ecuación y solamente en la segunda iteración este realizará la verificación: si la condición fuera verdadera su ciclo de repeticiones se mantiene activo, de lo contrario se interrumpe el loop.

Estructura general de uno Do-while:

```
do {
instrucciones
} while condición
```

Ejemplo:

```
var colores = ["Rojo", "Amarillo", "Azul", "Rojo",
"Rosa", "Negro"]
var contador: Int = 0
del {
println("¿Dónde está el Rojo?")
contador++ ;
if(colores[contador] == "Rojo"){
println("¡Lo Encontré!, está Aquí!!!!!")
}
} while colores[contador] != "Rojo"
Resultado en la consola:
¿Dónde está el Rojo?
¿Dónde está el Rojo?
¿Dónde está el Rojo?
¡Lo Encontré!, está Aquí!!!!!
```

FOR

Este loop ejecuta un bloque de código hasta que cierta condición es alcanzada. Normalmente utilizamos un índice i que se incrementa en cada interacción del for.

```
var nombreCiudadano: String = "Jorge Rubén García
Toledo"
for var contador: Int = 0; contador <
nombreCiudadano.utf16count;
```

```
++contador{
println("Caracter posición \(contador)");
}
```

En el código de arriba, inicializamos el contador a cero y en cada ejecución mostrará una posición de los caracteres del String. Mientras el contador no llegue al tamaño total del string, el contenido del for continuará en ejecución.

También es posible inicializar un for de este tipo utilizando un operador de alcance:

```
var valorElevado: Int = 2
for valorElevado in 1...4{
println(valorElevado*2)
}
```

Resultado en consola:

1 2

2 4

3 6

4 8

FOR-IN

Tiene el mismo funcionamiento de un For común sin embargo este tiene capacidades especiales para realizar iteraciones en tipos de colecciones.

Por ejemplo, veamos cómo se realiza una iteración en un

Array conteniendo Strings.

```
var   arrayDeSelecciones   =   ["España",   "España",
"Alemania",
"Italia"]
for seleccion: String in arrayDeSelecciones{
println(seleccion)
}
```

Veamos el resultado en la consola:

España
España
Alemania
Italia

En cada iteración del loop, la variable seleccion recibe el valor correspondiente del array. Después, podemos manipular de una forma más dinámica los datos, sin que sea necesario conocer el tamaño del array.

Imagine que quiera ejecutar un bloque de código para todos los elementos de un Dictionary. Swift nos da la posibilidad de usar una poderosa herramienta para ese tipo de manipulación de datos. Felizmente, se realiza de la misma forma que el ejemplo con Array. Veamos el ejemplo:

```
var dicionarioSelecciones = ["España":5, "España":1
,"Alemania":3
,"Italia":4]
for (seleccion, copasDelMundo) in dicionarioSeleciones{
if copasDelMundo == 1{
println("\(seleccion) tiene: \(copasDelMundo) Copa del
Mundo")
}else if copasDelMundo == 0{
```

```
println("\(seleccion) no tiene ningún título")
}else{
println("\(seleccion) tiene: \(copasDelMundo) Copas del
Mundo")
}
}
```

Si ejecutamos este código, podremos ver el siguiente resultado en la consola:

Italia tiene: 4 Copas del Mundo

España tiene: 5 Copas del Mundo

Alemania tiene: 3 Copas del Mundo

España tiene: 1 Copa del Mundo

En ese caso, usted informa que la llave del diccionario debe ir en la variable seleccion mientras el valor debe ir en la variable copasDelMundo para cada elemento del diccionario. Y eso solo es posible gracias a las Tuplas.

ESTRUCTURAS CONDICIONALES

Cualquier aplicación en Swift se construye mediante una serie de instrucciones ya que es así como funcionan los lenguajes imperativos. También es muy parecido a nuestra manera de pensar.

Finalmente, las estructuras condicionales sirven para ejecutar "bloques" de código en determinadas condiciones. O sea, que son utilizadas cuando es necesario ejecutar un trozo de código cuando hay algún error en la aplicación, o cuando queremos mostrar una alerta en la pantalla del dispositivo cuando recibimos una información de entrada no válida.

Para eso, Swift ofrece dos estructuras condicionales: if y switch. A continuación vamos a explicarlas.

IF

En su forma simple, ejecuta una operación que siempre debe devolver un valor del tipo Booleano.

```
let anoNacimiento = 1975
var anoActual = 2014
if (anoActual - anoNacimiento) >= 18 {
println("Entrada permitida: es mayor de edad.")
}
```

// Imprime en pantalla "Entrada permitida: es mayor de edad."

El ejemplo anterior ejecuta una substracción entre anoActual y anoNacimiento y verifica si la condición es verdadera para el operador mayor o igual que 18. Si la condición es falsa, es decir, si anoNacimiento no es suficiente para ser mayor de edad, no se mostrará ningún mensaje y la ejecución del código continúa después de la llave que concluye el bloque de la condición "}".

Además de eso, la condición if también ofrece una alternativa si la variable es negativa en la primera condición. Se utiliza la palabra clave else.

```
let anoNacimiento = 2001
var anoActual = 2014
if (anoActual - anoNacimiento) >= 18 {
println("Entrada Permitida: es mayor de edad.")
} else {
println("Entrada Prohibida: es menor de edad.")
}
// Imprime en pantalla "Entrada Prohibida: es menor de edad."
```

Abramos más nuestro abanico de posibles condiciones de una determinada ecuación. Podemos encadenar varias estructuras if.

```
let anoNacimiento = 1996
var anoActual = 2014
if (anoActual - anoNacimiento) > 18 {
println("Entrada Permitida: esmayor de edad.")
} else if (anoActual - anoNacimiento) == 18 {
println("Entrada Permitida: Por Poco, pero es mayor de
```

```
edad")
} else {
println("Entrada Prohibida: es menor de edad.")
}
```

SWITCH

Es la alternativa a la estructura de un if. El switch puede ser ideal cuando se necesita una comparación entre muchos valores. En su forma simple, el switch compara un valor con otro u otros valores del mismo tipo.

Antes de eso: pronuncie "Switch Swift" 5 veces. :-)

```
let anoNacimiento = 1997
var anoActual = 2014
// Estructura lógica equivalente al ejemplo de abajo
if (anoActual - anoNacimiento) > 18 {
println("Entrada Permitida: es mayor de edad.")
} else if (anoActual - anoNacimiento) == 18 {
println("Entrada Permitida: Por Poco, pero es mayor de
edad!!!")
} else {
println("Entrada Prohibida: es menor de edad.")
}
// Estructura lógica equivalente al ejemplo de arriba

switch anoActual - anoNacimiento {
case 19...100:
println("Entrada Permitida: es mayor de edad.")
case 18:
println("Entrada Permitida: Por Poco, pero es mayor de
```

```
edad!!!")
case 0..18:
println("Entrada Prohibida: es menor de edad.")
default:
println("Ninguna opción.")
}
// Imprime en pantalla "Entrada Prohibida: es menor de
edad."
```

FUNCIONES

Antes de ver en qué consisten las funciones, veamos la diferencia de una función con un método.

El *método* es un concepto de la programación orientada a objetos, que significa una acción que tiene una determinada clase, por ejemplo: todas las clases tienen Atributos y Acciones, siendo los atributos las propiedades de aquella clase y los métodos las acciones.

En cambio las *funciones* funcionan casi como los métodos, la diferencia es que las funciones son muy conocidas en los lenguajes de programación estructurados. Las funciones no están conectadas a las Clases y a los Objetos como los métodos. Pero en las funciones tenemos los **procedimientos**, que son simplemente funciones que no tienen retorno.

De esta forma como Swift pretende ser un lenguaje Orientado a Objetos, podremos usar los tres conceptos explicados arriba. Vamos a comenzar.

Una función puede tener tantos parámetros como usted desee pero dotarla de muchos no suele ser buena idea. Una función también puede retornar valores (cualquier tipo de dato), si esto es así se debe declarar explícitamente. Además una función puede ser pasada como un parámetro de otra función siempre y cuando sus tipos de datos sean compatibles.

Algo a tener en cuenta es no es necesario que una función devuelva un valor para poder usar un **return**. Eso puede ser utilizado para interrumpir la ejecución de una función.

También podemos tener funciones dentro de otras funciones (funciones anidadas). Las funciones internas, las declaradas dentro de otras, no pueden ser utilizadas fuera de esta, estando ocultas al resto del código.

Para utilizar la función tenemos la palabra reservada func. Esta indica que en esta línea tendremos la declaración de una función y que será necesario un nombre para que la función pueda ser llamada en el futuro. Las funciones pueden devolver múltiples valores y recibir múltiples parámetros.

Para indicar el retorno de una función utilizamos la flecha de indicación "->" acompañada del tipo de retorno (es posible definir una palabra clave para el tipo de retorno). Veamos un ejemplo de funciones.

Modelo de una función

func nombreFuncion (nombreParámetro: tipoDato) -> Tipo del
Retorno{
//Cuerpo de la función.
}

Ahora ya no tenemos los corchetes "[]" que usábamos en Objective-C constantemente en nuestras codificaciones.

Procedimiento (función sin retorno)

```
var nombresLegales: String[] = ["Pacopeco", "Rosa",
"María José",
"Andrew (Ándriu)"]
//Array con nombres.
func    mostrarNombresLegales(nombres:    String[]){
//Definición
del procedimiento.
for nombre in nombres{ //ejecutando el Array de
nombres.
println(nombre) //mostrando nombre por nombre
}
}
mostrarNombresLegales(nombresLegales)    //Llamada
del
procedimiento.
```

Obtendremos el siguiente resultado:

Pacopeco
Rosa
María José
Andrew (Ándriu)

UNA FUNCIÓN CON RETORNO

```
var edadPueblo: Int[] = [20, 666, 101, 113]
func mediaEdades(edades: Int[]) -> Double{
var suma = 0.0
for edad in edades{
suma += Double(edad)
}
return suma/Double(edades.count)
}
```

printIn(mediaEdades(edadPueblo))

El resultado que obtenemos es:

225.0

FUNCIÓN CON MÚLTIPLES PARÁMETROS

```
var nombresLegales: String[] = ["Pacopeco", "Rosa",
"María José",
"Andrew (Ándriu)"]
var edadPueblo: Int[] = [20, 666, 101, 113]
var salarios: Double[] = [1000, 200000, 100, 0]
func mostrarDatosPersonas(nombres: String[], edades:
Int[],
salarios: Double[]){
if(nombresLegales.count == edadPueblo.count &&
nombresLegales.count == salarios.count){
for(var i = 0; i < nombresLegales.count; i ){
printIn("Nombre: \(nombres[i]) " ",Edad: \(edades[i]) " " y
Salario: \(salarios[i])")
}
}else{
printIn("El programador está de viaje!")
}
}
mostrarDatosPersonas(nombresLegales,    edadPueblo,
salarios)
```

Obtendremos como resultado el siguiente:

Nombre: Pacopeco ,Edad: 20 y Salario: 1000.0

Nombre: Rosa ,Edad: 666 y Salario: 200000.0

Nombre: María José ,Edad: 101 y Salario: 100.0

Nombre: Andrew (Ándriu) ,Edad: 113 y Salario: 0.0

Una función sin parámetro utilizando una clase simple:

```
class Persona{
var nombre: String?
var nota1: Double = 0.0
var nota2: Double = 0.0
func verificarSiFueAprobadoDentroDeLaClase() -> Bool{
var resultadoFinalNotas: Double = 0.0
resultadoFinalNotas = (nota1 nota2) / Double(2)
if(resultadoFinalNotas < 7){
return false
}
return true
}
}
var persona1 = Persona()
persona1.nombre = "Rosa"
persona1.nota1 = 3
persona1.nota2 = 4.5
println("\(persona1.nombre), status:"
(persona1.verificarSiFueAprobadoDentroDeLaClase() " "
[aprobado]":"[suspenso]"))
```

Obtendremos el siguiente resultado:

Rosa, status:[suspenso]

Una función con múltiples retornos:

```
var numeroHombres: Int = 130
var numeroHombresApruebanSwift: Int = 48
var numeroMujeres: Int = 37
var numeroMujeresApruebanSwift: Int = 20
func estadisticasHombresYMujeres() ->
(porcentajeMujeres:
Double, porcentajeHombres: Double,
porcentajeAprobados Swift:
Double){
var porcentajeMujeres = 0.0, porcentajeHombres = 0.0,
porcentajeAprobados Swift = 0.0
var sumaPersonas = numeroHombres numeroMujeres
var sumaAprobados = numeroHombresApruebanSwift
numeroMujeresApruebanSwift
porcentajeMujeres = Double(numeroMujeres * 100) /
Double(sumaPersonas)
porcentajeHombres = Double(numeroHombres * 100) /
Double(sumaPersonas)
porcentajeAprobados Swift = Double(sumaAprobados *
100) /
Double(sumaPersonas)
return (porcentajeMujeres, porcentajeHombres,
porcentajeAprobados Swift)
}
let retornoEstatisticas = estadisticasHombresYMujeres()
NSLog("Porcentaje de hombres en el grupo:
%.2f%%",retornoEstatisticas.porcentajeHombres)
NSLog("Porcentaje de mujeres en el grupo:
%.2f%%",retornoEstatisticas.porcentajeMujeres)
NSLog("Porcentaje de aprobación del Swift en el grupo:
```

%.2f%%",retornoEstatisticas.porcentajeAprobados Swift)
//Fue utilizado el NSLog para disminuir los decimales.
//Aún no encontré la codificación en Swift para truncar los decimales.

Obtenemos el siguiente resultado:

Porcentaje de hombres en el grupo: 77.84%

Porcentaje de mujeres en el grupo: 22.16%

Porcentaje de aprobación del Swift en el grupo: 40.72%

VARIABLES LOCALES

Bueno, este es un tema simple y rápido de explicar. Cuando declaramos que determinada función recibirá parámetros y reservamos un espacio en la memoria para recibir estos estamos diciendo al compilador que esas variables que almacenarán los valores serán LOCALES, es decir, que después de la ejecución de la función estas dejarán de estar alojadas en la memoria. Tenemos que destacar que la utilización de estas también se restringe al cuerpo de la función, es decir, no podrá utilizar estas variables en otra zona que no sea de la propia función.

NOMBRES DE PARÁMETROS EXTERNOS

Algunas veces nos perdemos con los parámetros que enviamos, principalmente cuando no definimos nombres auto-explicativos a estos. Cuando utilicemos los nombres de parámetros externos, ganamos en organización y facilidad de comprensión de la función. Al llamar a una función con ese tipo de organización, podrá percibir que cualquier persona al leer su código entenderá la finalidad de esta. Entonces definir una función con nombre de parámetro externo es muy sencillo, veamos un ejemplo:

func nombreFuncion(nombreParámetroExterno nombreParámetroInterno: TipoDato){
//El nombre externo es separado solo por un " "
(espacio) del nombre interno.
}
//Veamos cómo se llama esta función
nombreFuncion(nombreParámetroExterno: "Dato que va a ser pasado")

Es importante destacar que cuando definimos un nombre de parámetro externo, este siempre debe ser utilizado al llamarse la función.

func calcularMediaNotas(pruebaUno p1: Double, pruebaDos p2:
Double, trabajo tr: Double) -> Double{
return (p1*3 p2 * 4 tr*3)/10
}
//Llamada de la función nombres externos obligatorios.
println(calcularMediaNotas(pruebaUno: 8, pruebaDos: 7.5,
trabajo: 5))

Obtendremos el siguiente resultado:

6.9

Utilizando el "#"

Hemos visto cómo usar Nombres de Parámetros externos, sin embargo ¿Y si el nombre del parámetro de la función es igual al nombre de parámetro externo?, es decir, ¿Ya añadió un nombre significativo? Entonces utilizaremos el famoso hashtag.

Esta informará al Swift que su parámetro de la función tendrá el mismo nombre del parámetro externo, evitando la duplicidad. Veamos el ejemplo anterior con algunas modificaciones:

```
//Observen la utilización de #.
func calcularMediaNotas(#pruebaUno: Double,
#pruebaDos:
Double, #trabajo: Double) -> Double{
return (pruebaUno*3 pruebaDos * 4 trabajo*3)/10
}
println(calcularMediaNotas(pruebaUno: 8, pruebaDos:
7.5,
trabajo: 5))
```

Obtenemos el siguiente resultado:

6.9

Esa funcionalidad nos lleva a una función más clara y sin ninguna ambigüedad dentro de esta.

FUNCIONES CON PARÁMETROS CON VALORES POR DEFECTO

En Swift podemos definir un valor por defecto para cualquier parámetro de la función. Esto ocasiona la omisión de ese parámetro en la llamada de la función. Podemos usar el valor por defecto.

```
func concatenarStringsCaracterespecial(#primerString: String,
#segundoString: String, caracterespecial: String = " ") -> String{
return primerString caracterespecial segundoString
}
//Llamada de la función con la omisión del tercero parámetro.
println(concatenarStringsCaracterespecial(primerString: "Esa
Chica",segundoString: "Es una Belleza""))
```

Obtenemos el resultado:

Esa Chica es una Belleza"

O usar otro valor definido en la llamada

```
func concatenarStringsCaracterespecial(#primerString: String,
#segundoString: String, caracterespecial: String = " ") -> String{
return primerString caracterespecial segundoString
```

```
}
println(concatenarStringsCaracterespecial(primerString:
"Esa
Chica", segundoString: "es una Belleza""",
caracterespecial: "."))
```

Obtenemos el resultado:

Esa chica es una.Belleza"

NOMBRES DE PARÁMETROS EXTERNOS PARA PARÁMETROS CON VALORES POR DEFECTO

Swift nos suministra un nombre externo para el parámetro que recibe valores por defecto automáticamente, por ello dispensa la utilización de "#" y también es posible añadir el nombre que usted quiera, si es necesario.

MÉTODOS

En Swift, los métodos son funciones que están asociadas a objetos. Por lo tanto, los métodos son entidades que definen operaciones correspondientes a alguna clase, como por ejemplo: acelerarCoche (clase Coche), abrirAplicacion (clase Aplicación), terminarRegistro (clase Doy de alta). Además de clases, también pueden ser definidos por una estructura, enumeración o cualquier otro tipo que usted haya creado.

En Objective-C, solo las clases pueden definir métodos.

Comencemos. Nosotros tenemos dos tipos de métodos para trabajar: métodos de **instancia** y métodos de **tipo**. Mientras que los métodos de instancia encapsulan tareas y funcionalidades asociadas a objetos, los métodos de tipo se asocian directa y simplemente a algún tipo (así como los métodos de clase en Objective-C).

MÉTODOS DE INSTANCIA

Son funciones que pertenecen a una instancia de clase, estructura o enumeración, estos sirven para dar funcionalidad a las instancias. Pueden acceder y modificar sus valores con el único objetivo de cumplir su propósito lógico. A continuación vamos a ver varios ejemplos sobre esto.

El alcance de los métodos está delimitado por las llaves, así como en las funciones. Por ejemplo:

```
class Pelicula {
var titulo: String?
var categoria: String?
var ano: Int?
func verificaSiEsDeAccion() -> Bool {
if categoría == "Acción" {
println("Película de acción.")
return trae
} else {
println("No es una película de acción. Es una película de \(categoría).")
return false
}
}
}
var película = Película()
película.titulo = "Blade Runner"
película.categoría = " Ciencia Ficción"
película.ano = 1982
película.verificaSiEsDeAccion()
```

El método verificaSiEsDeAccion pertenene a la clase Pelicula.

Este solo puede ser usado por los objetos de la clase Pelicula.

Hecho eso, obtenemos el siguiente resultado:

No es una película de acción. Es una película de Ciencia Ficción.

PROPIEDAD SELF

Esa propiedad es equivalente a la propia instancia. Exactamente lo que la traducción de self sugiere es: "todavía yo". Self se utiliza en todas las situaciones en las que se necesita manipular las variables o los métodos del propio local donde está trabajando (como la clase Fila de abajo que manipula la variable personasEnLaFila que está en sí).

```
class Fila {
var personasEnLaFila = 0
func personaEntroEnLaFila() {
self.personasEnLaFila
}
}
var miFila = Fila()
miFila.personaEntroEnLaFila()
miFila.personaEntroEnLaFila()
miFila.personaEntroEnLaFila()
miFila.personaEntroEnLaFila()
miFila.personaEntroEnLaFila()
println("\(miFila.personasEnLaFila) personas entraron
en la
fila.")
```

Obtenemos el siguiente resultado en la consola:

5 personas entraron en la fila.

MÉTODOS DE TIPO

No hay mucho que explicar: son los métodos que son llamados por el propio tipo. Cuando el método pertenece a una clase, es necesario añadir la palabra class antes de func. Cuando este pertenece a una estructura o enumeración, se añade static antes de func.

Veamos un ejemplo a continuación.

```
class Calculadora {
class func sumarEnteros(numero1: Int, numero2: Int) -> Int {
let resultado = numero1 numero2
return resultado
}
}
var numeroNuevo = Calculadora.sumarEnteros(2, numero2: 3)
println(numeroNuevo) // Imprime 5
```

INTRODUCCIÓN A LOS OPERADORES

Los operadores constituyen buena parte de los códigos, por ejemplo: son los responsables de incrementar su puntuación en el juego, de comparar quién hizo más puntos, de comparar si este usuario ya no está dado de alta en el sistema y mucho más.

Estos pueden ser unarios, operando con un único valor (por ejemplo: la negación de estoyCasado es !estoyCasado). Pueden ser binarios, que envuelven dos valores a la vez (ejemplo: !estaBaneado && esJugadorVip, más adelante veremos el valor de &&). Por fin, pueden ser ternarios, es decir, que tengan una expresión que hará un selección entre dos valores a partir de una expresión dada, como por ejemplo: problema?resposta1:resposta2.

¿Por qué yo debo aprender eso?

Porque tarde o temprano necesitará chequear, modificar y combinar valores de su código. Por ejemplo, ¿Cuál será la manera más fácil para sumar la puntuación del jugador? Utilizando un operador de suma: let numero = 1 + 2.

Terminología de los Operadores

Los operadores se dividen en tres grupos: unarios, binarios y ternarios. Pero nada mejor que ver unos ejemplos para que en su cabeza se asiente lo que es cada uno.

```
// Unario (1 elemento)
let vendida = false // definiendo un estado para
"vendida"
let casaDisponible = !vendida // operación con un único
elemento (! = negación)

// Binario (2 elementos)
let suma = 1 + 2 // hago una operación con dos
elementos ( = suma)
let multiplicacion = 3 * 2 // hago una operación con dos
elementos (* = multiplicación)

// Ternario (3 elementos)
let vendida2 = true // definiendo un estado para
"vendida"
let casaDisponible2 = (!vendida2) ? "Casa disponible" :
"Casa vendida"
```

Ahora qué ya sabe lo que es más o menos un operador, vamos a ver los aspectos más importantes de estos.

Operadores de Atribución

Inicializan y atribuyen o actualizan el valor de una variable/constante.

let ano = 1996

var variable = 2014

variable = ano // variable es actualizada a 1996

Usted también puede juguetear con tuplas.

let (ciudad, estado) = ("Madrid", "Comunidad de Madrid")
// ciudad = Madrid
// estado = Comunidad de Madrid

ATRIBUCIÓN ARITMÉTICA

Esto es una mezcla de atribución aritmética. Así podemos realizar operaciones aritméticas con "atajos".

var numero = 2 // Entero numero 2
numero += 4 // suma 4 en numero
numero *= 6 // multiplica numero por 6
numero /= 9 // divide numero por 9

OPERADORES ARITMÉTICOS

Suma (+), resta (-), multiplicación (*) y división (/).

En esta parte podemos obviar cualquier explicación ya que es como las matemáticas que aprendió en el colegio.

var suma = 2 + 2 // igual a 4
var resta = 8 - 5 // igual a 3
*var multiplicacion = 8 * 4 // igual a 32*
var division = 17.5 / 2.5 // igual a 7

El operador de resto es el %. 16 % 3 verifica cual es el resto de la división de 16 / 3. Esta operación sirve para usar números enteros y de coma flotante.

var resto = 16 % 3 // igual a 1

Los operadores de incremento (++) y decremento (-) aumentan o disminuyen el valor de una variable en 1 unidad.

var numero = 0
++numero // numero es igual a 1
--numero // numero vuelve a ser cero

Además de eso, estos operadores pueden estar antes o tras la variable (++numero o numero++). La diferencia es que cuando el operador se escribe antes la variable devuelve el valor antes del incremento/decremento. Si el operador se escribe tras la variable, la variable devuelve el valor después del incremento.

var numero1 = 0
var numero2 = 0
var numero3 = 0
numero2 = ++numero1 // eso aumenta numero1 y devuelve el valor del aumento, por lo tanto numero2 y numero1 = 1
numero3 = numero1++ // eso aumenta numero1 pero devuelve el valor ANTERIOR al aumento, por lo tanto numero1 = 2 y numero 3 = 1

También puede colocar un signo matemático en una variable numérica. Es la misma regla de signos que aprendió en la escuela. Veamos un ejemplo.

var numero = -6
var decrementoDelNumero = -numero // va a ser 6.
var numero2 = -6
var incrementoDelNumero2 = +numero2 // va a ser -6

Debe tener en cuenta además que el signo de suma (+) también sirve para concatenar Strings, como podemos ver a continuación:

let nombre = "Juan"
let apellidos = "García"
println(nombre + " " + apellido)

OPERADORES DE COMPARACIÓN

Son los mismos de las inecuaciones y ecuaciones matemáticas. Estos devuelven un valor booleano para la expresión dada (o es verdadera o es falsa).

5 == 5 // true, ya que 5 es igual a 5
5 != 3 // true, ya que 5 es diferente de 3
5 > 2 // true, ya que 5 es mayor que 2
5 < 2 // false, ya que 5 no es más pequeño que 2
5 >= 5 // true, ya que 5 es mayor o igual a 5
3 <= 5 // true, ya que 3 es más pequeño o igual a 5

Sus expresiones son increíbles si se aplica a las estructuras lógicas.

```
var edad = 17
// verifica la edad para entrar en la fiesta
// verifica si la edad es mayor o igual a 18
if edad >= 18 {
println("Entrada permitida")
} else {
println("Entrada no permitida")
}
```

También puede usar comparaciones ternarias utilizando los operadores de comparación.

```
let alturaContenido = 50
let tieneTop = true
let alturaLayout = alturaContenido (tieneTop ? 100 : 0)
```

Dependiendo de la situación, puede ser mejor usar la comparación ternaria en una estructura lógica completa.

```
let alturaContenido = 50
let tieneTop = true
var alturaLayout = alturaContenido
if tieneTop {
alturaLayout = 100
}
```

OPERADORES DE ALCANCE

Estos le facilitan la vida cuando necesita seleccionar un intervalo numérico que envuelve una secuencia de {n, n 1, n 2, n 3...}. Por ejemplo: {0, 1, 2, 3, 4, 5, 6, 7}. Pero ¿cómo? Muy simple. Usted no necesitará escribir todos los elementos para incluir el conjunto.

Hay dos tipos de operadores de alcance: los de conjunto cerrado (incluyen el primer y el último elemento de la secuencia) y los de conjunto medio-cerrado (no incluyen el último elemento de la secuencia).

// Conjunto medio-cerrado

// 2..5 = {2, 3, 4}

// Conjunto cerrado

// 2...5 = {2, 3, 4, 5}

¿DÓNDE VA A USAR ESTO?

La respuesta es en los loops. Si está comenzando ahora, no se preocupe, ya que esto aún le resultará algo difícil de comprender. Los loops son ciclos que se ejecutan repetidamente mientras haya elementos por recorrer en alguna secuencia. Veamos un ejemplo:

```
// conjunto cerrado {2, 3, 4, 5}
for numero in 2...5 {
println(numero) // imprime el numero
}
// conjunto medio-cerrado {1, 2}
for numero2 in 1..3 {
println(numero2) // imprime el numero
}
```

Fácil de comprender ¿no?, los loops son muy usados en programación y una vez que los empiece a usar, verá que son muy útiles y sencillos de emplear.

OPERADORES LÓGICOS

Negación (!), Y (&&) y O (||). Estos están estrechamente relacionados a las variables del tipo Boolean.

```
// Utilizando la negación
let entradaPermitida = false
if !entradaPermitida {
println("Entrada no permitida")
}

// Utilizando "Y"
let entradaPermitida2 = true
let edad = 17
let edadMinima = 14
if entradaPermitida2 && edad >= edadMinima {
println("Entrada permitida y edad autorizada, puede
entrar")
}

// Utilizando "O"
let estaVivo = true
let estaMuerto = !estaVivo
if estaVivo || estaMuerto {
println("O usted está vivo o está muerto")
}

// Use su creatividad y mézclelo todo
let enamoradoDesdeHaceTiempo = true
let estoyCasado = false
let tengoTrabajo = true
let miEdad = 30
let edadBoda = 27
```

```
if (miEdad >= edadBoda && !estoyCasado &&
tengoTrabajo) || enamoradoDesdeHaceTiempo {
println("Usted debería estar casado")
}
```

AFIRMACIONES

Como ya hemos visto, los opcionales permiten verificar si una determinada variable tiene o no un valor (nil || !nil).

También podemos escribir códigos que tratan la nulidad de los datos (utilizando una simple estructura lógica). Veamos un ejemplo:

```
var lenguaje: String? = "SwiftCool"
if var pruebaNulidad = lenguaje { // si pruebaNulidad
recibe lenguaje significa que no es nulo.
println("Dato válido!")
} else {
println("Dato nulo. Añada algún valor ya que puede dar
problemas.")
}
```

Sin embargo, hay errores que simplemente finalizan la ejecución de su código si la nulidad no es corregida. Ahí entran las Afirmaciones.

Una afirmación, o assert, es una verificación en tiempo de ejecución, que, si fuera falsa (false), concluirá la aplicación, y si es verdad (true), la ejecución continúa.

Si su código invoca una afirmación, podrá ver exactamente la línea en la que sucede el problema y consultar su código en el momento en el que la afirmación se ejecuta. Una afirmación le permite suministrar un mensaje sobre el problema y eso ayuda al desarrollador a crear un código que sea más organizado, conociendo los errores eventuales que puedan suceder.

AFIRMACIÓN VERDADERA

---

var lenguaje: String? = "SwiftCool"
assert(lenguaje != nil, "Su dato es nulo!") // assert
verificando si lenguaje es diferente de nulo.
// si no fuera nulo continúa la aplicación.
println(lenguaje)

AFIRMACIÓN FALSA

---

var lenguaje: String? //Recibirá nil por defecto.
assert(lenguaje != nil, "Su dato es nulo!") // La
afirmación entrará en acción si lenguaje es nil.
/*
Su código finalizará y presentará un mensaje con esa
estructura:
assertion failed: "Su mensaje aquí": "Dirección de su
archivo/nombre.swit","Línea del assert en el código"
*/

Error recibido:

assertion failed: Su dato es nulo!:

file/Users/danilo/Documents/ProjetosXCode/SwiftShow/m
ain.Swift, line 36

¿CUÁNDO UTILIZAR LAS AFIRMACIONES?

Cuando es necesario verificar el dato antes de enviarlo a una función.

En la ejecución de un código que utilizará el dato en cuestión.

En la validación de datos recibidos por los usuarios.

Las afirmaciones vinieron para optimizar el desarrollo de la aplicación, evitando que su aplicación vaya con errores hacia la tienda o a las manos del cliente.

OPCIONALES

Los Opcionales se utilizan en situaciones en las que los valores podrán ser inválidos/ausentes o válidos/presentes. Esta funcionalidad no existía en Objective-C y tampoco en C, el concepto más semejante a las opcionales era la posibilidad de devolver nil en métodos que no tenían un objeto válido (en este caso, el nil significa que el objeto es inválido). Estábamos limitados a objetos y a los tipos primitivos para trabajar con este concepto.

Objective-C ofrecía poco de opcionales, por ejemplo: enum y struct eran tratados de otra forma, estos devolvían un NSNotFound en ausencia o ante la imposibilidad de operar con un determinado valor.

Esa funcionalidad permite que usted diga si la variable o el objeto podrá ser nulo(a) o no. Por ahora parece un poco confuso, pero seguro que con el siguiente ejemplo le quedará más claro:

var nombre: String = "Marta"

nombre = nil // Error de compilación, por defecto este no aceptará el valor nulo.

println("nombre: \(nombre)")

En este caso, tenemos una String que recibió ("Marta") y, enseguida, recibe nil. Eso provocará un error en el momento de la compilación, ya que el lenguaje asume que esta variable no puede ser nula, entonces es ahí donde entra la

X de la cuestión. ¿Cómo indicar y utilizar variables que pueden asumir el valor nil?

Nil

El nil no se puede usar ni con constantes y ni con variables no opcionales.

Cuando estamos creando variables o constantes opcionales y no las iniciamos con un valor, el compilador atribuirá un nil.

Ese comando no funciona como en Objective-C. En Objective-C, el nil era un puntero que apuntaba hacia un objeto no existente. Ahora en el Swift, el nil no es un puntero, este es la ausencia de valor. Los Opcionales de cualquier tipo (incluyendo clases) pueden recibir nil.

```
class Persona{
var peso: Double? = 27.5
}
var persona1: Persona? = Persona()
persona1 = nil //ejemplo de objeto recibiendo nil
```

?

Para eso, se debe informar al compilador que determinada variable podrá ser nula. Para ello se usa el signo de interrogación (?).

// siempre que se utilice el opcional en la declaración de

```
// variables
// se debe colocar el tipo de dato,
// si la variable no es inicializada con algún valor.
var miVariable: String?
```

!

En la utilización del opcional (?), surge la necesidad del uso de la exclamación (!), donde usted asume que podrá venir un valor nulo dentro de la variable y, si sucede, el error vendrá en tiempo de ejecución. Veamos un ejemplo para aclarar este punto: Si miVariable no tuviera el opcional, en el código arriba, ocurriría un error en tiempo de compilación, ya que todas las variables deben ser inicializadas con un valor para que el compilador infiera cuál es el tipo de la variable que será creada. Si no se sabe el valor en el momento de la declaración, se debe informar el tipo y que un valor para aquel tipo de variable es opcional, utilizando "?". De modo general, al declarar una variable con valor opcional, usted debe lidiar con situaciones en que el valor puede ser nulo, como en cualquier otro lenguaje.

Utilizando la exclamación "!":

```
var miNombre: String?
println("El nombre de él es: " miNombre!)
```

Aquí le estamos diciendo al compilador: YO ASUMO El RIESGO si miNombre es nulo. En este caso verá el siguiente error al compilar y ejecutar el programa: "fatal error: Can't unwrap Optional.None", ¿por qué? Porque no hay forma de concatenar una String con un objeto nulo.

La manera para declarar una variable como opcional e informar que se responsabiliza de los riesgos de que la variable puede ser nula es la siguiente:

```
var miNombre: String!
println("El nombre de él es: " miNombre)
```

Recuerde: la aplicación dará error en tiempo de ejecución si miNombre es nulo.

Una de las formas de tratar con este problema es creando una estructura lógica (if) para verificar si el valor es nulo, por ejemplo:

```
var miNombre: String?
if let verificandoOpcional = miNombre {
println("El nombre de él es:" verificandoOpcional)
} else {
println("miNombre es nulo.")
}
```

Básicamente, la condición if let verificandoOpcional = miNombre devolverá true si verificandoOpcional recibe algún valor de miNombre, por lo tanto la variable miNombre no sería nula. Si miNombre es nil, la variable verificandoOpcional no será inicializada y el retorno será false. Así evitamos el error de la aplicación en tiempo de ejecución para las variables nulas.

TUPLAS

Una tupla es una lista ordenada de objetos. Por ejemplo: una variable para almacenar el salario (Float) y una para el título del ya puesto de trabajo (String) constituyen una tupla. En este caso, sería una tupla del tipo Entero y String. Las puede definir con unas pocas líneas de código y, de la misma manera, recuperar sus valores. Estas aceptan y pueden constituir todos los tipos de variables. Aquí su imaginación es el límite para combinarlas. Veamos un ejemplo:

// Tupla del tipo (Int, String, Int)
// Tupla igual a (23000, "Jefe", 1999)
var funcionarioRamon = (23000, "Jefe", 1999)

DEFINIENDO TUPLAS

Nombrando sus elementos

var capitalEspana = (nombre: "Madrid", poblacion:
3_875_000)

Sin nombrar sus elementos
// Una tupla constante del tipo (Int, String)
let planetaTierra = (7_000_000_000, "Tierra")
// Una tupla variable del tipo (String, String, Int)
var capitalEspana = ("Madrid", "Comunidad de Madrid",
3_875_000)

RECUPERANDO TUPLAS

Podemos usar varios métodos para recuperar las tuplas.

POR DESCOMPOSICIÓN COMPLETA

Utilice este modelo cuando desee acceder a todos los objetos de la tupla. En este caso, ningún objeto de la tupla será ignorado.

```
var capitalEspana = ("Madrid", "Comunidad de Madrid",
3_875_000)
var (nombreCapitalEspana, distritoCapitalEspana,
poblacionCapitalEspana) = capitalEspana
println("La capital de España es \(nombreCapitalEspana)
–
\(distritoCapitalEspana) y tiene
\(poblacionCapitalEspana)
habitantes.")
```

POR DESCOMPOSICIÓN PARCIAL

Se utiliza este modelo cuando se desea ignorar uno o más objetos de la tupla. En el ejemplo de abajo, ignoramos el distrito y el número de habitantes de la capital de España. El underscore (_) es el carácter responsable de ignorar algún objeto. Veamos un ejemplo:

```
var capitalEspana = ("Madrid", "Comunidad de Madrid",
3_875_000)
var (nombreCapitalEspana, _, _) = capitalEspana
println("La capital de España es
\(nombreCapitalEspana)")
```

ACCEDIENDO A ELEMENTOS INDIVIDUALES

Las llaves comienzan con el valor cero (0), entonces solo es necesario mencionar el nombre de la tupla seguido de un punto y el número deseado para acceder al elemento en particular.

var capitalEspana = ("Madrid", "Comunidad de Madrid", 3_875_000)
println("La capital de España es \(capitalEspana.0)")

ACCEDIENDO A ELEMENTOS QUE TIENEN TÍTULO

var capitalEspana = (nombre: "Madrid", poblacion: 3_875_000)
println("La capital de España es \(capitalEspana.nombre)")

¿CUÁL ES SU UTILIDAD?

Aunque no tengan una claridad semántica explícita (sobre quién es quién allá dentro), las tuplas pueden ser una mano en la rueda cuando son utilizadas correctamente. Estas no son hechas para estructuras complejas de datos, por eso deberá leer sobre las Colecciones en Swift. Sin embargo, economizamos muchas líneas de código cuando podemos utilizarlas solo como modelo de datos o un grupo de datos temporal.

BOOLEANOS

Los Booleanos son variables de comportamiento lógico. En Swift, pueden asumir dos estados: o son verdaderos (true) o son falsos (false).

Este contenido es esencial en cualquier aplicación; todas las condición lógicas dependen de variables de este tipo.

```
let esTierraRedonda = true
var tengoEmpleo = true
var estoyCasado = false
```

No necesita definir el tipo de la variable como Bool explícitamente, el compilador automáticamente lo hace al recibir "true" o "false" como valor.

```
// Explícitamente
let esTierraRedonda: Bool = true
var tengoEmpleo: Bool = true
var estoyCasado: Bool = false
```

ESTRUCTURAS LÓGICAS

Estas sirven para las comparaciones que devuelven un resultado Bool. De forma simplificada, si el resultado es true la aplicación ejecuta el primer bloque, de lo contrario, si el resultado es false y tenemos un segundo bloque (else), este será ejecutado.

Se debe utilizar la palabra-clave "if" para iniciar la estructura y delimitar sus áreas por llaves {}. La notación "!" hace la negación del valor lógico utilizado.

```
var esTierraRedonda = true
if esTierraRedonda {
println("La Tierra es redonda")
} else {
println("La Tierra no es redonda");
}

var estoyFeliz = true
var estoyTriste = !estoyFeliz

if estoyTriste {
println("Estoy triste.")
} else {
println("Estoy feliz.")
}
```

El mecanismo de seguridad de tipos de Swift no permitirá que intente construir estructuras lógicas inválidas. Veamos un ejemplo:

Por ejemplo:
var nombre = "Ramón"
if nombre {
println("Eso nunca dará un resultado correcto. Esa
expresión no tiene resultado booleano.")
}

Pseudónimos

Los Pseudónimos existen para resolver problemas de incoherencia contextual entre las variables presentes en el código, por ejemplo: es posible utilizar enteroParaEdades como Pseudónimo de UInt. Para eso, se utiliza la palabra clave typealias.

Después de definir su typealias, solo tiene que utilizarlo de igual manera que utilizaría el tipo original.

typealias enteroParaEdades = UInt
var miEdad: enteroParaEdades = 16
println(miEdad)

Veamos varios ejemplos:

#1
typealias enteroSinSigno = UInt
var enteroSinSignoMinimo = enteroSinSigno.min
println(enteroSinSignoMinimo)

#2
typealias tipoFracionario = Float
let π: tipoFracionario = 3.14
let πTruncado = Int(π)
println(" π: \(?)")
println(" πtruncado: \(?Truncado)")

#3
typealias texto = String

```
let nombre: texto = "Ramón"
println("Yo me llamo \(nombre)")
```

COMENTARIOS Y PUNTOS Y COMAS

COMENTARIOS

Esta funcionalidad es parecida con los otros lenguajes cómo Objective-C, C y Java, ya que es necesario incluir comentarios en sus códigos para facilitar su comprensión.

Los comentarios son ignorados por el compilador y no modifican el resultado del código. Para comentar, se utiliza // para una única línea y /* */ para un bloque de comentarios (empezando con /* y finalizando con */).

//Ejemplo de comentario en una única línea
/*
Aquí puede insertar varias líneas de comentarios
Ejemplo de bloques de líneas
Se pueden añadir cuántas sean necesarias
*/

PUNTO Y COMA

El tan afamado punto y coma, conocido por la gran mayoría de programadores como fruto de grandes dolores de cabeza (ya que al inicio de nuestro aprendizaje siempre olvidábamos ponerlos), fue clasificado como no obligatorio al fin de cada línea de código o instrucción de Swift.

Sin embargo si es necesario insertar dos instrucciones en una única línea, el punto y coma se deberá utilizar en la primera instrucción escogida, excepto en la declaración de variables. Veamos varios ejemplos:

```
//Ejemplo de múltiples declaraciones de variables en
//una única línea.
var edad = 21, diaNac = 08, mesNac = 04, anoNac = 1993,
apellido = "Rodríguez"

//Instrucción sin punto y coma
println("Swift me encanta")

//Múltiples instrucciones en una única línea, necesidad
//de punto y coma en la primera instrucción.
let padres = "España"; println(padres)
/* Resultado en el log:
Swift me encanta
España
*/
```

Por lo tanto es percibido que la no obligatoriedad del uso del punto y coma facilita el desarrollo de aplicaciones en Swift y es algo menos por lo que preocuparse.

CONSTANTES Y VARIABLES

El primer paso para aprender Swift es comprender su universo de constantes y variables. Básicamente, el valor de una constante no puede ser modificado una vez que se atribuya, mientras el valor de una variable puede ser modificado aunque ya se haya definido anteriormente.

DECLARANDO CONSTANTES Y VARIABLES

Se utiliza la palabra let para declarar una constante y var para declarar una variable. Recuerde: no hay más obligatoriedad en declarar el tipo de variable deseado, eso ocurre implícitamente de acuerdo con el valor atribuido.

let anoDeNacimento = 1998
var miEdad = 17

En el ejemplo de arriba, utilizamos una constante para definir el año de nacimiento de una persona, porque este es un tipo de información que nunca deberá cambiar. Sin embargo, la edad de la persona fue declarada como una variable ya que es un valor que tendrá actualizaciones en el transcurrir del tiempo. Además de eso, puede economizar líneas de códigos declarando variables separadas por comas. Podemos verlo a continuación:

var miEdad = 17, edadDeMiPadre = 55, edadDeMiMadre = 53

En caso de valores que no sufrirán cambios, utilice las constantes (let).

DEFINIENDO EL TIPO DE LA VARIABLE Y CONSTANTE

Cuando es necesario definir el tipo de la variable y constante, solo hacerlo después de los dos puntos (:). Recuerde: todos los tipos de variables en Swift comienzan con letra mayúscula.

```
var miNombre: String = "Ramón"
var miEdad: Int = 17
var miAltura: Float = 1.71

// Tipos implícitos
let a = 2 // Int (a) con 2
let (a) = 2 // Int (a) con 2
let a: Int = 2 // Int (a) con 2
```

Los dos puntos significan "...del tipo...". Por ejemplo, var miNombre: String significa que fue declarado una variable llamada miNombre del tipo String. Por eso, nuestra variable miNombre puede recibir cualquier valor que sea String, sin embargo no puede recibir de ningún otro tipo. Si el tipo no fuera determinado explícitamente eso ocurriría implícitamente y la variable aceptaría cualquier valor para su inicialización. Sepa que no es común definir el tipo de la variable explícitamente en Swift, ya que el lenguaje tiene un mecanismo poderoso para garantizar que los tipos de su código sean utilizados correctamente.

Nombrando constantes y variables

Esto es magia. Swift acepta casi todos los caracteres posibles como nombre de constante y variable.

let π = 3.14
var 漢字 = "Kanji"

Los nombres no pueden: contener símbolos matemáticos que no sean unicode, flechas, palabras de uso reservado (por el propio lenguaje), puntos, guiones y caracteres diseñados. Como en muchos otros lenguajes, tampoco es posible comenzar una variable utilizando un número. Después de declarar una constante o variable, no puede volver a declararla utilizando el mismo nombre (ni con el mismo tipo o tipo diferente). De la misma forma, no puede transformar una constante en variable o a la inversa. Las variables son utilizadas para valores que serán sustituidos por lo menos una vez, pero es necesario mantener el tipo utilizado en el momento de inicialización de la variable. Por ejemplo: si comenzó con String, terminará con String.

miEdad: Int = 17
miEdad = 18
miEdad = 19
miEdad = 20

Imprimiendo constantes y variables

Para imprimir el valor de una constante y variable con un salto de línea, solo debe utilizar la función println.

```
var miNombre: String = "Ramon"
println(miNombre)
```

Para imprimir el valor sin el salto de línea, solo debe utilizar la función print.

```
var miNombre: String = "Ramon"
print(miNombre)
```

La manera más fácil para concatenar strings dentro de un println/print es utilizar \(nombre de la variable).

```
var miNombre: String = "Ramon"
var miEdad: Int = 17
var miAltura: Float = 1.85
println("Yo me llamo \(miNombre), tengo \(miEdad) años
y mido \(miAltura)")
```

NÚMEROS Y SEGURIDAD DE TIPOS

Los números están presentes en todas partes en todos los códigos. Utilizarlos de manera correcta es muy importante. Por eso, deberá conocer los tipos de enteros, los de punto flotante que va a utilizar en su aplicación e investigar más sobre los números literales.

ENTEROS

Son los números que no tienen parte fraccionada (puntos decimales), como por ejemplo: -17 y 27. Los enteros pueden tener signo (signed - permitiendo la existencia de números negativos) o no (unsigned) en 8, 16, 32 y 64-bit.

LOS ENTEROS TIENEN LÍMITES

Utilice las propiedades min o max de cada tipo de entero para verificar sus límites.

Pruebe con Int8, Int16, Int32, Int64 y sus tipos unsigned (basta con solo insertar U en el inicio, por ejemplo: UInt8).

println(UInt8.min) // imprime el valor MÍNIMO para unsigned int 8-bit
println(UInt8.max) // imprime el valor MÁXIMO para unsigned int 8-bit

¿Y si no conoce el número entero que quiere definir?

Entonces utilice Int o UInt.

var miEdad: UInt = 17
println(miEdad)

Int tiene el mismo tamaño de Int32 en las plataformas de 32-bit y el mismo tamaño de Int64 en las plataformas de 64-bit.

PUNTO FLOTANTE

Son los números que tienen parte fraccionada (puntos decimales) como por ejemplo: 0.17170 y -412.50.

Swift soporta dos modelos comunes para el punto flotante: Float (32-bit, siendo usado para los números con baja precisión decimal) y Double (64-bit, para gran precisión decimal).

FLOAT

Apropiado para números de hasta 6 puntos decimales.

DOUBLE

Apropiado para números de por lo menos 15 puntos decimales.

let radioDeLaTierra: Float = 6.371

```
println("La tierra tiene un radio de
\(radioDeLaTierra)km")
var numeroDeGalaxias: Double = 100000000000
println("El universo tiene \(numeroDeGalaxias)
galaxias")
```

Por lo tanto, usamos Double si la precisión numérica es una necesidad y Float si no fuera necesario. ¿No sabe cuál escoger? Deje que el sistema lo defina por usted.

NÚMEROS LITERALES

Son números que asumen otra notación numérica de acuerdo con su sufijo o prefijo:

Son decimales, binarios, octales o hexadecimales.

Los números decimales no exigen prefijo.

Los números binarios exigen el prefijo 0b.

Los números octales exigen el prefijo 0lo.

Los números hexadecimales exigen el prefijo 0x.

```
var enteroDecimal = 17
var enteroBinario = 0b10001
var enteroOctal = 0lo21
var enteroHexadecimal = 0x11
```

Todos estos ejemplos tienen el mismo valor decimal (17).

LA LITERALIDAD EN FLOAT

Como los valores en punto flotante del tipo Float asumen partes fraccionadas, es posible transformarlos en números con exponente de base 10. Utilice "e" seguido de algún número para indicarlo.

```
var numeroConExponente: Float = 1.25e3
println(numeroConExponente)
var numeroConExponente2: Float = 1.25e-3
println(numeroConExponente2)
```

En números hexadecimales es posible aplicarles el Exponente de base 2.

```
var hexadecimalConExponente: Float = 0xFp2
println(hexadecimalConExponente);
var hexadecimalConExponente2: Float = 0xFp-2
println(hexadecimalConExponente2)
```

NÚMEROS GRANDES

Swift pone a su disposición la utilización de underscores (_) para facilitar la lectura de números grandes. No afectan en nada a su verdadero valor.

```
var miSalario = 23_570_00
println(miSalario);
var poblacionMundial = 7_000_000_000
println(poblacionMundial)
```

CONVERSIÓN NUMÉRICA

ENTEROS

Cuando un número no está contenido en el conjunto numérico (UInt, Int8, Int16) de su variable, recibiremos un error. Por ejemplo: los números negativos no están contenidos en el conjunto numérico de los unsigned int.

var miEntero: UInt = -1 // eso no compila

Para las operaciones numéricas con variables de tipos diferentes, es necesario trabajar una nueva variable que tenga el tipo que tenga el dominio numérico sobre todas las otras variables de la operación.

var miles: UInt16 = 2_000
var unidad: UInt8 = 1
var millaresConUnidad = miles UInt16(unidad)
println(millaresConUnidad)

Vea que solo es posible realizar una adición entre enteros de tipos diferentes si se realiza una conversión explícita del tipo de la variable. Implícitamente la variable millaresConUnidad será UInt16.

PUNTO FLOTANTE Y ENTEROS

En este caso, se deberá convertir todas las variables/constantes que no son del mismo tipo que la variable la cual recibirá todas las variables.

let tres = 3
let fraccionDePi = 0.14

```
let π = Double(tres) + fraccionDePi
println(?)
```

De la misma manera, solo explicitamos el tipo entero para remover la parte fraccionada de un punto flotante.

```
let tres = 3
let fraccionDePi = 0.14
let π = Double(tres) + fraccionDePi
let πTruncado = Int(π)
println(?Truncado)
```

Vea que su punto flotante será truncado si es convertido a entero. La variable π tenía el valor 3.14 hasta aplicarle a un Int de π, perdiendo la parte fraccionada. Por ejemplo: -0.2132 vuelca 0, 1.71 vuelca 1, 17.2 vuelca 17.

UN DETALLE SOBRE LOS TIPOS

Swift tiene un increíble mecanismo para que su software no sufra con problemas de tipos de variables.

Si su variable fue inicializada como String, será imposible atribuir un valor Int a esta, el xCode no compilará hasta que esas incompatibilidades sean resueltas.

Además de eso, no siempre es necesario determinar explícitamente sus tipos numéricos ya que el lenguaje puede hacer eso para usted. Cree una variable con una parte fraccionada y automáticamente esta será Double o sin una parte fraccionada y automáticamente esta será Int.

Utilice los tipos numéricos de arriba solo en casos

especiales ya que el lenguaje puede hacer este servicio por usted.

Introducción a Strings

Las Strings son cadenas de caracteres y un Tipo en Swift. "Hello, world" es una cadena de caracteres, por lo tanto es una string. El tipo String devuelve una colección de valores del tipo Character (tipo para un único carácter). Las Strings también pueden contener constantes, variables, literales y expresiones, ese proceso es conocido como interpolación de Strings.

Strings Literales

Tienen una secuencia de caracteres fija. Son determinadas por un par de comillas dobles ("").

```
let stringLiteral = "Una secuencia de caracteres cualquiera."
```

Además de eso, pueden incluir algunos caracteres especiales:

\0 (carácter vacío)

\\ (barra inversa)

\t (tab horizontal)

\n (quiebra de línea)

\r (retorno de carro)

\" *(comillas dobles)*

\' *(comillas simples).*

Además de eso, caracteres unicode de 1-byte (\xnn, nn son dos dígitos hexadecimales), 2-byte (\unnnn, nnnn son 4 dígitos hexadecimales) y 4-byte (\Unnnnnnnn, nnnnnnnn son 8 dígitos hexadecimales).

let citacion = "\"Think Different\" – Steve Jobs" // \" con comillas dobles

let cifrado = "\x24" // unicode U+0024

let nucleo = "\u2665" // unicode U+2665

let nucleoEmoji = "\U0001F496" // unicode U+1F496

STRINGS VACÍAS

Podemos crear strings sin contenido de dos maneras:

var stringVacia = "" // una string literal vacía
var stringVacia2 = String() // una string vacía que utiliza
// el inicializador para String
// son equivalentes y ambas están vacías

También puede ejecutar una estructura lógica para verificar si una String está vacía.

if stringVacia.isEmpty {
println("stringVacia está vacía")
}

Puede jugar con la propiedad booleana isEmpty en muchas situaciones. Imagine un formulario de dar de alta: siempre queremos que el usuario teclee algo en este.

STRINGS MUTABLES

Las strings mutables son variables, es decir, el valor de una string mutable (variable) puede ser modificado y por eso son mutables. Si fueran constantes, serían Strings inmutables ya que no se podría modificar su contenido.

```
// mutable
var stringMutable = "Mi nombre es"
stringMutable = " Ramón"

// imutable
let stringNoMutable = "Mi nombre es"
stringNoMutable = " Ramón" // eso no va compilar
```

Utilice let en vez de var siempre que sea posible.

CARACTERES DE LA STRING

Una String es una cadena organizada de caracteres. Eso significa que podemos recorrer cada Character de una String.

```
var miNombre = "Helcio Franco"
for letra: Character in miNombre {
println(letra)
sleep(1)
```

}

Experimente el código de arriba en el Playground, así podrá comprobar las letras que se van mostrando en cada momento.

¿Quiere contar cuántos caracteres existen en su String? Solo tiene que llamar la función countElements y pasar una String como parámetro.

var miNombre = "Ramón"
println("Mi nombre tiene \(countElements(miNombre)) letras")

Además de eso, también puede crear una variable conteniendo un único Character (es necesario informar el tipo).

let cifrado: Character = "$"

CONCATENACIÓN DE STRINGS

Concatenar significa unir Character/String con una String. Solo tiene que utilizar el operador de suma (+) para crear una nueva fila de caracteres con la unión. No da para unir una String en un Character, porque, entre otras cosas, un Character es solo un Character, de lo contrario sería String.

```
var feliz = "feliz "
var algunaCosa = "aniversario"
var resultado = feliz + algunaCosa
```

También puede concatenar utilizando el operador como una suma, lo que le ahorrará tener que crear una nueva variable solo para unir dos Strings.

```
var suNombreEs = "su nombre es "
var suNombre = "Ramón"
suNombreEs += suNombre
```

INTERPOLACIÓN DE STRINGS

La interpolación de Strings es otra manera para crear una nueva String a través de una mezcla de constantes, variables, literales y expresiones. Para eso, se utiliza la forma \(suVariable).

Vamos a calcular mi IMC interpolando las strings:

```
var nombre = "Ramón"
var altura: Float = 1.85 // en metros
var peso: Float = 75 // en kilogramos
var resultado = " \(nombre) tiene un IMC de \(peso /
```

(altura * altura))"

COMPARANDO STRINGS

Primero, vamos a ver cómo se comparan dos Strings que son absolutamente iguales. Hay otros dos tipos para comparar: si el prefijo de la String es igual o si el sufijo es igual.

```
var usuarioProtagonista= "Ramón Franco"
var usuarioRegistrado = "Ramón Franco"
if usuarioProtagonista== usuarioRegistrado {
println("Nombre inválido. Este debe ser diferente de
\(usuarioRegistrado).")
}
```

¿Cómo comparar el sufijo y el prefijo? Utilizando el método hasPrefix o hasSuffix.

```
// prefijo
var nombreCompleto = "Ramón Franco"
if nombreCompleto.hasPrefix("Ramon") {
println("El nombre de este es Ramón.")
}
```

```
// sufijo
var nombreCompleto2 = "Ramón Franco"
if nombreCompleto2.hasSuffix("Franco") {
println("El último apellido de este es Franco.")
}
```

PROPIEDADES BÁSICAS

Podemos poner una string entera con letras mayúsculas o minúsculas solo accediendo a una propiedad: uppercaseString o lowercaseString.

```
let normal = "¿Está todo bien?"
println(normal.uppercaseString) // mayúscula
println(normal.lowercaseString) // minúscula
```

MANIPULACIÓN DE ARRAY

Los tipos de colección sirven para almacenar elementos. En Swift, podemos utilizar dos tipos de colección: Array y Dictionary. En Array, todos los elementos están ordenados y están separados por un index, por ejemplo: el primer elemento tiene el index 0, el segundo elemento tiene el index 1 y por así sucesivamente. En Dictionary, los elementos no están ordenados por un index numérico.

ARRAY

Usted puede inicializar arrays literales dejando implícito el tipo de valor o no:

var capitales: String[] = ["Madrid", "Barcelona", "Vigo", "Sevilla", "Otras"]
var capitales = ["Madrid", "Barcelona", "Vigo", "Sevilla", "Otras"] // es equivalente

PROPIEDADES Y MÉTODOS

También puede descubrir cuántos elementos existen en el array

println(capitales.count) // Imprime "5"

La misma propiedad booleana que vimos en las Strings,

isEmpty, se puede aplicar al array:

```
if capitales.isEmpty {
println("El array de capitales está vacía")
} else {
println("El array de capitales no está vacía")
}
```

Los elementos de una array son accesibles por un index numérico, veamos un ejemplo a continuación:

```
var primerElemento = capitales[0] // la cuenta es a partir
// del cero
println(primerElemento) // imprime Madrid
```

También puede insertar nuevos elementos al final del array al llamar el método append o al operador de suma (+).

```
capitales.append("Valencia")
println(capitales.count) // imprime 8
```

La ventaja de utilizar el operador de suma (+) es que puede insertar más de un elemento a la vez:

```
capitales += ["Pedro", "Manuel"]
println(capitales.count) // ahora imprime 6 porque
// añadimos dos elementos más
```

También puede sustituir algún elemento por otro del mismo tipo si accede directamente por su index.

```
capitales[0] = "Pontevedra"
// eso coloca "Pontevedra" en el lugar de "Madrid"
```

También podemos hacer lo mismo utilizando los operadores de alcance para intercambiar más de 1 elemento a la vez.

capitales[2...3] = ["Ourense", "Bilbao"]

Para insertar o eliminar un elemento en una posición específica (index) de una array, se utiliza el método insert(atIndex:) o removeAtIndex().

capitales.insert("Vigo", atIndex: 0) // inserta Vigo en la
// primera posición
capitales.removeAtIndex(0) // remueve Vigo, ya que era
// el elemento del index 0

LISTANDO LOS ELEMENTOS DEL ARRAY

Para listar los elementos, utilizamos el loop for-in.

for capital in capitales {
println(capital)
}

Si necesita enumerar los items del array, solo tiene que utilizar la función global enumerate. Esta devuelve una tupla conteniendo el index y el valor del elemento.

for (posicion, nombre) in enumerate(capitales) {
println("Capital #\(posicion 1): \(nombre)")
}

CREANDO UNA ARRAY SIN ELEMENTOS

En todos los ejemplos de arriba, nuestra Array capitales

tenía elementos todo el tiempo y, por eso, Swift hizo el trabajo para garantizar la seguridad de tipos de los elementos, es decir, todos los elementos tenían el mismo Tipo que era String. Sin embargo, para inicializar una Array sin elementos y previamente determinar su Tipo lo haremos como se muestra a continuación.

```
var numeros = Int[]()
println("El array numeros es del tipo Int[] y tiene
\(numeros.count) elementos")
// Imprime "El array numeros es del tipo Int[] y tiene 0
// elementos"
```

TRABAJANDO CON CLASES

Por ser un lenguaje que sigue el paradigma de la Orientación de Objetos saber cómo definir una clase es imprescindible.

En Swift, a diferencia del Objective-C que usa un archivo de definiciones (.h) y otro de implementaciones (.m), se usa un único archivo(.Swift) para la definición de una clase.

Vea el siguiente ejemplo:

Vehiculo.Swift
class Vehiculo{
var ano: Int
}

Con el código anterior definimos un Vehículo que tiene un atributo "ano".

Pero la manera como declaramos algunas informaciones son necesarias para compilar la clase:

Declaración de constructor;

Inicialización de atributos;

Vehiculo.Swift
class Vehiculo{
var ano: Int
var valor: Double = 18_000.0

//constructor

```
init(){
self.ano = 2014
}
}
```

Vea que el atributo *ano* fue inicializado en el constructor y el atributo valor, nuevo atributo, fue inicializado fuera. Podemos iniciar de las dos formas sin ningún tipo de problema. Esa exigencia de iniciar el valor sucede ya que no existe un valor default para los tipos. Otro punto a tener en cuenta es en la declaración del valor que fue usado underscore para una mejor legibilidad.

MODIFICADORES DE ACCESO

Tal vez se haya dado cuenta de que estamos accediendo al atributo directamente y esa falta de encapsulamiento no es necesaria con la llegada de los modificadores de acceso a partir del Xcode 6 beta 4.

Existen 3 modificadores por orden de menos restrictivo al más restrictivo: public, internal y private. Siendo el modificador por defecto internal para el módulo/framework o app/proyecto.

```
class Vehiculo{
private var ano: Int
private var valor: Double = 18_000.0

//constructor
init(){
self.año = 2014
```

```
}
}
```

INSTANCIANDO OBJETOS

Definido los principios básicos del uso de las clases en el Swift, tenemos la necesidad de instanciar los objetos.

var otro = Vehiculo() //o var otro: Vehiculo = Vehiculo()

Al contrario de cómo se realizaba en el Objective-c, con dos llamadas a los métodos (alloc e init), aquí se usa solo el nombre del tipo y los paréntesis.

DEFINIENDO COMPORTAMIENTOS

Una clase también tiene comportamientos y podemos dar esas características a través de los métodos que en el Swift son declarados como funciones ya que es posible tener funciones sin el uso de clases.

```
class Vehiculo{
private var ano: Int
private var valor: Double = 18_000.0
//? constructor omitido
func calculaIVA() -> Double{
return self.valor * 0.21
}
}
```

En el ejemplo anterior, fue definido un método cuyo

nombre es calculaIVA y devuelve un Double además de no recibir ningún parámetro. Su uso se daría de la siguiente forma:

var otro = Vehiculo()
var valorDelIva = otro.calculaIVA()

En métodos que tienen parámetros tendremos la sintaxis que se muestra a continuación:

```
class Vehiculo{
private var ano: Int
private var valor: Double = 18_000.0
//? constructor omitido
func calculaIVA() -> Double{
return self.valor * 0.21
}
func calcularDepreciacionParaAno(ano: Int, cosTasa
tasaDeDepreciacion: Double)-> Double{
//lógica omitida
}
}
```

Vea que en el método calculaDepreciacionParaAno tenemos dos parámetros y en el que se refiere a la tasa fue usado el concepto de External Parameter Name, para que quede más descriptivo. No es obligatorio nombrar el parámetro como hicimos al declarar el conTasa, pero es recomendable para una mejor legibilidad principalmente con métodos que reciben varios parámetros.

El uso de ese método quedaría como vemos a continuación:

```
var otro = Vehiculo()
var valorDeIlva = otro.calculaIPVA()
fusca.calculaDepreciacionParaAno(2020, conTasa: 0.18)
```

Explorando el Swift

Para las pruebas anteriores es necesario tener el Xcode 6.

Utilice un proyecto Playground, que como el propio nombre dice es su entorno de diversión/explotación del lenguaje y permite una interactividad con apariencia de lenguaje de script, aunque Swift sea compilado.

Swift y Objective-C

Es importante saber que la comunicación entre Swift y Objective-C es transparente y de cierta forma hasta intuitiva. De forma que se puede usar una aplicación con los dos lenguajes en esa fase transitoria.

Funciones Estándar Swift

A continuación vamos a ver un listado con las funciones que incorpora Swift y unos pocos ejemplos de uso de algunas de estas funciones a continuación.

Funciones que incorpora Swift:

abs(...)

advance(...)

alignof(...)

alignofValue(...)

assert(...)

bridgeFromObjectiveC(...)

bridgeFromObjectiveCUnconditional(...)

bridgeToObjectiveC(...)

bridgeToObjectiveCUnconditional(...)

c_malloc_size(...)

c_memcpy(...)

c_putchar(...)

contains(...)

count(...)

countElements(...)

countLeadingZeros(...)

debugPrint(...)

debugPrintln(...)

distance(...)

dropFirst(...)

dropLast(...)

dump(...)

encodeBitsAsWords(...)

enumerate(...)

equal(...)

filter(...)

find(...)

getBridgedObjectiveCType(...)

getVaList(...)

indices(...)

insertionSort(...)

isBridgedToObjectiveC(...)

isBridgedVerbatimToObjectiveC(...)

isUniquelyReferenced(...)

join(...)

lexicographicalCompare(...)

map(...)

max(...)

maxElement(...)

min(...)

minElement(...)

numericCast(...)

partition(...)

posix_read(...)

posix_write(...)

print(...)

println(...)

quickSort(...)

reduce(...)

reflect(...)

reinterpretCast(...)

reverse(...)

roundUpToAlignment(...)

sizeof(...)

sizeofValue(...)

sort(...)

split(...)

startsWith(...)

strideof(...)

strideofValue(...)

swap(...)

Swift_MagicMirrorData_summaryImpl(...)

Swift_bufferAllocate(...)

Swift_keepAlive(...)

toString(...)

transcode(...)

underestimateCount(...)

unsafeReflect(...)

withExtendedLifetime(...)

withObjectAtPlusZero(...)

withUnsafePointer(...)

withUnsafePointerToObject(...)

withUnsafePointers(...)

withVaList

abs(signedNumber): Devuelve el valor absoluto de un signo digital. Es mucho más simple pero no se registra en los documentos.

```
abs(-1) == 1
abs(-42) == 42
abs(42) == 42
```

contains(sequence, element): Si una secuencia dada especifica devuelve true, como por ejemplo si contiene elementos de un array.

```
var languages = ["Swift", "Objective-C"]
contains(languages, "Objective-C") == true
contains(languages, "PHP") == false
contains([15, 19, 55, 72, 92], 19) == true
```

contains([15, 19, 55, 72, 92], 21) == false
dropFirst(sequence): Devuelve el primer Elemento de
una secuencia de remover.
var languages = ["Swift", "Objective-C"]
var olde languages = dropFirst(languages)
equal(olde languages, ["Objective-C"]) == true

dropLast(sequence): Devuelve una nueva secuencia de la serie, por ejemplo, el array pasado como parámetro para la función de eliminar el último Elemento.

var languages = ["Swift", "Objective-C"]
var newLanguages = dropLast(languages)
equal(newLanguages, ["Swift"]) == true

dump(object): Se pasa el contenido de un objeto hacia la salida por defecto.

var languages = ["Swift", "Objective-C", "PHP"]
dump(languages)
// Prints:
// ? 3 elements
// - [0]: Swift
// - [1]: Objective-C
// - [2]: PHP

equal(sequence1, sequence2): Si la secuencia de secuencias 1 y 2 contienen los mismos elementos, devuelve true.

var languages = ["Swift", "Objective-C"]

```
equal(languages, ["Swift", "Objective-C"]) == true
var olde languages = dropFirst(languages)
equal(olde languages, ["Objective-C"]) == true
```

filter(sequence, includeElementClosure): Devuelve una secuencia de elementos para satisfacer las condiciones especificadas en includeElementClosureAs.

```
for i in filter(1...100, { $0 % 10 == 0 })
{
// 10, 20, 30, ...
println(i)
assert(contains([10, 20, 30, 40, 50, 60, 70, 80, 90, 100], i))
}
```

find(sequence, element): En la secuencia de un retorno de un determinado índice, si no encuentra el elemento en la secuencia devuelve nil.

```
var languages = ["Swift", "Objective-C"]
find(languages, "Objective-C") == 1
find(languages, "Java") == nil
find([15, 19, 55, 72, 92], 19) == 2
```

indices(sequence): Devuelve la secuencia especificada del índice el Elemento (índice zero).

```
equal(indices([15, 24, 59]), [0, 1, 2])
for i in indices([15, 24, 59]) {
// 0, 1, 2
println(i)
}
```

join(separator, sequence): Devuelve un determinado separador que separa la secuencia de Elementos.

join(":", ["A", "B", "C"]) == "A:B:C"
var languages = ["Swift", "Objective-C"]
join("/", languages) == "Swift/Objective-C"

map(sequence, transformClosure): Si transformClosure aplica, si para todos los Elementos de la serie, devuelve una nueva secuencia.

*equal(map(1...3, { $0 * 5 }), [5, 10, 15])*
*for i in map(1...10, { $0 * 10 }) {*
// 10, 20, 30, ...
println(i)
assert(contains([10, 20, 30, 40, 50, 60, 70, 80, 90, 100], i))
}

max(comparable1, comparable2, etc.): Los parámetros de la función para devolver el valor máximo.

max(0, 1) == 1
max(8, 2, 3) == 8

maxElement(sequence): Devuelve los Elementos similares para la secuencia de Elementos en el máximo.

maxElement(1...10) == 10
var languages = ["Swift", "Objective-C"]
maxElement(languages) == "Swift"

minElements(sequence): Devuelve los Elementos similares al mínimo en la secuencia.

minElement(1...10) == 1
var languages = ["Swift", "Objective-C"]
minElement(languages) == "Objective-C"

reduce(sequence, initial, combineClosure): A partir de un valor inicial para la operación de combineClosure, recursivamente los Elementos en secuencia, como una fusión de Elementos.

var languages = ["Swift", "Objective-C"]
reduce(languages, "", { $0 + $1 }) == "SwiftObjective-C"
*reduce([10, 20, 5], 1, { $0 * $1 }) == 1000*

reverse(sequence): Devuelve para revertir la serie.

```
equal(reverse([1, 2, 3]), [3, 2, 1])
for i in reverse([1, 2, 3]) {
// 3, 2, 1
println(i)
}
```

startsWith(sequence1, sequence2): Si la secuencia inicial de Elementos de la serie 1 y 2 es igual a true.

startsWith("tryagain", "try") == true
startsWith(10..200, 50..65) == true
var languages = ["Swift", "Java"]
startsWith(languages, ["Java"]) == true

BIBLIOTECAS, RUNTIME Y EL DESARROLLO

Swift utiliza el mismo runtime que el sistema de Objective-C existente en Mac OS e iOS. Eso significa que los programas de Swift se pueden ejecutar en muchas plataformas existentes, incluyendo alguna capacidad bajo iOS 6 y OS X 10.8. Pero lo más importante: esto significa que Swift y el código de Objective-C se pueden utilizar en un solo programa, y por extensión, C y C ++ también. En el caso de Objective-C, Swift tiene el acceso al modelo de objetos y se puede utilizar para crear una subclase, ampliar y usar el código de Objective-C para proporcionar compatibilidad con el protocolo.

Para ayudar al desarrollo de este tipo de programas y la reutilización de código existente, Xcode 6 ofrece un sistema semiautomático que construye y mantiene una "cabecera de puente" (bridging header) para exponer el código de Objective-C para Swift. Esto coge la forma de un archivo de cabecera adicional que simplemente define las importaciones de todos los símbolos de Objective-C que se necesitan para código Swift del proyecto. Desde ese momento, Swift puede referir a los tipos, funciones y variables declaradas en esas importaciones como si estuvieran escritas en Swift. El código de Objective-C también puede usar el código Swift directamente mediante la importación de un archivo de cabecera mantenido automáticamente con Objective-C para las declaraciones Swift del proyecto. Por ejemplo, un archivo de Objective-C en un proyecto mixto llamado "MyApp" podría acceder a las clases o funciones Swift con el import código "MyApp-

Swift.h". No todos los símbolos están disponibles a través de este mecanismo, sin embargo, el uso de características de Swift específicas como tipos genéricos, objetos de tipos opcionales, enumeraciones sofisticadas, o incluso identificadores Unicode puede tener algún símbolo inaccesible de Objective-C.

Swift también tiene soporte limitado para los atributos, los metadatos que son leídos por el entorno de desarrollo, y no son necesariamente parte del código compilado. Al igual que Objective-C, los atributos utilizan la sintaxis @, pero el conjunto de atributos actualmente disponible es pequeño. Un ejemplo es el atributo IBOutlet, que marca un valor dado en el código como una "salida", están disponibles para su uso dentro de Interface Builder (IB). Una "salida" es un dispositivo que une el valor de la visualización en pantalla a un objeto en el código.

GESTIÓN DE LA MEMORIA

Swift utiliza la Referencia Automática Counting (ARC) para gestionar la memoria. Apple a la vez tenía la recolección de basura para OS X de Objective-C, pero en desuso en favor de ARC, iOS solo es compatible con ARC. Uno de los problemas con ARC es la posibilidad de crear un fuerte ciclo de referencia, donde los casos de dos diferentes clases incluyen, cada una, una referencia a la otra. Swift ofrece las palabras clave débiles y sin dueño que permiten al programador evitar los ciclos de referencia fuertes que se produzcan. Normalmente, una relación padre-hijo usaría una referencia fuerte mientras que una relación hijo-padre usaría cualquiera referencia débil, donde los padres y los hijos pueden no estar relacionados, o sin dueño, donde un hijo siempre tiene un padre, pero el padre no tiene por qué tener un hijo. Las referencias débiles deben ser las variables opcionales, ya que pueden cambiar y llegar a ser nulas.

Un cierre dentro de una clase también puede crear un ciclo de referencia fuerte mediante la captura de las referencias independientes. El programador puede indicar que las referencias independientes deben ser tratadas como débil o sin dueño usando una lista de captura.

LA DEPURACIÓN

Un elemento clave del sistema Swift es su capacidad para depurar y ejecutar limpiamente dentro del entorno de desarrollo, utilizando un bucle read–eval–print loop (REPL), dándole más propiedades interactivas en común con las capacidades de scripting de Python que la programación de los lenguajes tradicionales. El REPL mejora aún más el concepto de los nuevos "campos de juego"; los "playground" son vistas interactivas que se ejecutan en el entorno Xcode que responden a codificar cambios o a depurador sobre la marcha. Si el código en cuestión cambia con el tiempo o con respecto a algún otro, la vista se puede utilizar con el Asistente de Línea de tiempo para mostrar la salida de manera animada. Apple afirma que Swift "es el primer lenguaje de programación de sistemas de calidad industrial que es tan expresivo y agradable como un lenguaje de script".

Conclusión

Una nueva puerta está abierta a los desarrolladores que aún no entraron en el mundo iOS.

Swift lo tiene todo para hacerse en un futuro próximo el lenguaje dominante en el mercado Apple.

EDITORIAL

IT **Campus Academy** es una gran comunidad de profesionales con amplia experiencia en el sector informático, en sus diversos niveles como programación, redes, consultoría, ingeniería informática, consultoría empresarial, marketing online, redes sociales y más temáticas envueltas en las nuevas tecnologías.

En **IT Campus Academy** los diversos profesionales de esta comunidad publicitan los libros que publican en las diversas áreas sobre la tecnología informática.

IT Campus Academy se enorgullece en poder dar a conocer a todos los lectores y estudiantes de informática a nuestros prestigiosos profesionales, como en este caso **Enrique Flores Gonzalo**, experto en Consultoría TIC y Desarrollo de Web con más de 12 años de experiencia, que mediante sus obras literarias, podrán ayudar a nuestros lectores a mejorar profesionalmente en sus respectivas áreas del ámbito informático.

El Objetivo Principal de **IT Campus Academy** es promover el conocimiento entre los profesionales de las nuevas tecnologías al precio más reducido del mercado.